AF263605

REMARQUES

SUR

LES REMARQUES

DE M. LE VICOMTE DE CHATEAUBRIAND,

PAIR DE FRANCE.

———

A PARIS,

Chez LELONG, libraire, au Palais-Royal, galerie de bois, n°. 233.

——

1818.

DE L'IMPRIMERIE DE DUBRAY.

REMARQUES

SUR

LES REMARQUES

DE M. LE VICOMTE DE CHATEAUBRIAND,

PAIR DE FRANCE.

M. le vicomte de Châteaubriand, dans une *brochure* intitulée : *Remarques sur les affaires du moment*, nous apprend que ce n'est pas une *brochure* qu'il publie, mais comme il jouit, dit-il, de quelque liberté, il se croit obligé, en conscience, de s'en servir pour éclairer l'opinion publique ; c'est pourquoi, ajoute-t-il, je fais paraître cette *réclamation*, qui n'est pas une brochure.

On remarque quelque embarras dans cet *avis au lecteur ;* mais il faut le pardonner au noble pair, qui a été surpris inopinément dans ses travaux littéraires. « *Il fouillait dans les tombeaux de nos ancêtres ; il déroulait les vieux titres de notre gloire,* » ou, pour parler moins poétiquement , il s'occupait à écrire l'histoire des premiers temps de la monarchie, « *lorsqu'il a été arraché à ses paisibles recherches, et qu'on est venu le provoquer au milieu de la poussière de ses livres.* »

« *On me jette le gant, dit-il, je le relève.* » Mais ce n'est pas seulement dans sa propre défense que ce preux chevalier relève le gant que personne ne lui jette; il regarde comme son devoir de défendre les personnes qu'il regarde comme des royalistes et qui sont sous la main de la justice. M. le vicomte de Châteaubriand déclare qu'il fait cause commune avec le général Canuel et ses amis. « *Une trop touchante fraternité de malheur l'unit à ces hommes, pour qu'ils ne le retrouvent pas quand ils ont besoin de lui.* » Sa prose poétique, ses métaphores, et tout l'attirail de sa rhétorique sont à leur service; et il sera toujours prêt à secouer pour eux *la poussière des livres.*

On ne saurait trop applaudir à ce dévouement fraternel; on aime à lui voir plaider les causes les plus désespérées. Ce sont des tours de force qui amusent les lecteurs; et comme il

ne paraît jamais sur la scène que dans des occa-
sions habilement choisies, il est toujours sûr
d'obtenir un succès de curiosité. Ses entrées
sont toujours brillantes; ses sorties le sont un
peu moins; mais il doit se consoler en pensant
qu'il n'y a rien de parfait dans ce monde, et
que Talma lui-même n'est pas sans défauts.

Dans ce moment-ci, rien n'était moins nécessaire que la publication de *ses remarques*.
On avait dit dans un journal anglais (*The
Times*), qu'on le soupçonnait d'être l'auteur
d'un *mémoire secret* adressé aux puissances
alliées, pour les solliciter d'intervenir dans les
affaires intérieures de la France. Il avait re-
poussé avec force un soupçon aussi fâcheux;
il avait obtenu du journaliste de Londres une
rétractation formelle. Que pouvait-il exiger de
plus? qui l'empêchait de se retirer dans sa soli-
tude chérie, et d'appliquer son talent poétique
à l'histoire de France. Tout semblait lui faire
un devoir de cette conduite, à une époque où
l'agitation des esprits n'avait pas besoin de nouvelles secousses, et où le Gouvernement était
occupé de démêler les fils d'une intrigue crimi-
nelle, dont le succès aurait pu être si funeste
à l'État. Une telle réserve, si convenable à un

pair de France, aurait réuni les suffrages des véritables royalistes, seule approbation qui manque à la gloire de M. de Châteaubriand.

Je dis les *véritables royalistes*, et ce n'est pas sans dessein. Il serait difficile de s'entendre si l'on n'était pas d'accord sur le sens des mots. Les hommes que le noble pair décore si obligeamment du nom de royalistes, sont-ils vraiment royalistes? Il est évident que cette question ne doit pas être décidée par des prétentions, mais par des faits. L'un des plus grands malheurs des troubles civils est d'amener, comme conséquence inévitable, une confusion de langage qui obscurcit les notions les plus simples. Voyons si M. de Châteaubriand ne nous aidera pas à connaître l'espèce de *royalistes* dont il est l'organe et le défenseur; c'est lui-même qui va nous révéler sa pensée : « *Les royalistes,* » dit-il, *sont aujourd'hui dans l'opposition :* » *leur guide alors est la minorité des deux* » *Chambres* (1).

Il est évident, d'après cette phrase, que M. de Châteaubriand ne compte, parmi les royalistes, que les hommes systématiquement

---

(1) *Remarques*, etc., pag. 30.

opposés au gouvernement du Roi, et qu'il suffit de se trouver dans la minorité des Chambres, ou de partager les sentimens de cette minorité, pour obtenir du noble pair un brevet de royaliste. Ainsi les membres qui composent la majorité des deux chambres, et qui servent le Roi comme il veut être servi, ne sont point des royalistes. M. de Lally-Tolendal, par exemple, n'est pas un royaliste; il doit céder ce titre au général Canuel. Maintenant, que nous savons quels sont les royalistes de M. de Châteaubriand, nous allons examiner ses doctrines, et ses accusations, et ses apologies.

Non content de sa réputation, si bien méritée, d'écrivain, le noble pair veut se faire passer pour prophète; c'est une fantaisie qui lui est survenue dans sa retraite, et il prétend nous la faire partager.

« *J'ai dit*, s'écrie-t-il avec une sorte d'en-
» *thousiasme, j'ai dit qu'on chasserait les*
» *royalistes de toutes les places; qu'après*
» *avoir épuré le civil, on épurerait l'armée;*
» *tout cela est arrivé ponctuellement. J'avais*
» *dit que les plus grands ennemis du Roi*
» *affecteraient pour lui le plus grand amour,*
» *qu'on calomnierait les vertus de la famille*
» *royale, que les journaux étrangers seraient*

(6)

*» chargés de cette partie de l'attaque par des
» correspondans officieux (1); la prédiction
» s'est accomplie. »*

Pour justifier les prétentions au don de prophétie, il ne suffit pas d'affirmer que la chose prédite est arrivée, il faut qu'elle le soit réellement. C'est la seule condition dont une prophétie ne puisse se dispenser. M. de Châteaubriand ressemble ici au docteur Swift qui avait prédit la mort d'un certain Partridge, astrologue de son métier. Partridge ne mourut pas; mais il eut beau faire, il eut beau prouver qu'il remplissait toutes les fonctions d'un homme vivant, il fut tenu pour bien et dûment trépassé, et le docteur Swift donna même la relation de ses funérailles.

Il en est à peu près de même de M. de Châteaubriand. On lui prouve, l'Almanach Royal à la main, que les royalistes occupent toutes les places, soit dans le civil, soit dans le militaire, on le défiera de désigner le fonctionnaire qui lui paraît ne pas mériter ce titre (2),

---

(1) *Monarchie selon la Charte*, chap. 76, 77.

(2) M. de Châteaubriand a-t-il réfléchi que cette assertion pourrait bien être prise comme une calomnie contre des fonctionnaires, et oserait-il la préciser ?

il s'obstine à vouloir que les royalistes aient été chassés de toutes les places; on le conduirait de bureaux en bureaux, on lui ferait toucher au doigt les employés royalistes, qu'il persisterait à soutenir son allégation ; et, pour faire le prophète à mon tour, je prédis que, dans sa future brochure, il répétera la même supposition ; l'honneur de sa prophétie l'exige ainsi. La seule différence qui existe entre le noble pair et le facétieux Doyen de Saint-Patrice, c'est que ce dernier voulait rire, et que M. de Châteaubriand ne plaisante pas, ce qui rend la chose encore plus plaisante.

L'assertion relative aux journaux étrangers n'est pas moins inexacte. M. de Châteaubriand ne pouvait consciencieusement se dispenser d'apporter quelques preuves que les calomnies dont il parle existent, et que ces calomnies sont répandues par les personnes qu'il désigne d'une manière si odieuse. De telles accusations ne peuvent se passer de preuves positives ; mais c'est là ce qui l'occupe le moins. En se plaignant des calomniateurs il répand autour de lui la calomnie ; jamais on ne le rencontre dans les bornes de la vérité. Son esprit naturellement tourné à l'exagération, dénature tout ce qui est à sa portée ; mais il y a moins d'innocence dans les romans politiques que dans les fictions littéraires ; et comme ouvrage d'imagination, *Attala* vaut mieux que *la Monarchie selon la Charte*.

Lorsqu'un écrivain s'abandonne à son imagination au lieu de consulter sa raison, il est rarement d'accord avec lui-même. M. de Châteaubriand nous en fournit un exemple qui frappera les esprits les moins exercés. Il parle de la dernière conspiration, il assure *que de toutes les espèces de gouvernement, le gouvernement représentatif est celui qui est le moins exposé aux dangers d'une conspiration. Quand même il s'agirait de remettre le despotisme de la révolution à la place de la légitimité et de la Charte, on ne parviendrait peut-être à exciter que quelques troubles. Enfin, persuadons-nous bien que sous l'empire de la Charte, il n'y a de vraies conspirations que celles de l'esprit et des talens.*

Voilà des idées raisonnables ; mais je voudrais savoir comment l'auteur pourra les concilier avec les idées qu'il a répandues dans son livre *de la Monarchie selon la Charte*, et qu'il renouvelle encore aujourd'hui. Qu'est de-

venue cette *conspiration* si emphatiquement
annoncée, dont les ministres étaient les instru-
mens, sinon les chefs, « *et qui devait remettre*
» *le despotisme de la révolution à la place*
» *de la légitimité et de la Charte?* » Il semblait, à vous entendre, M. de Châteaubriand,
que tout était perdu en France, que la paix
intérieure ne pouvait se maintenir, que le crédit public était anéanti, que le trône et l'autel
chancelaient sur leurs bases, enfin que l'Etat
était tout prêt à tomber en dissolution. Rien
n'était plus formidable que cette conspiration ;
on ne pouvait s'en défendre qu'en gouvernant
nos provinces avec des prévôts et des gendar-
mes. Vous tiriez le canon d'alarme comme
dans un naufrage actuel ; et si la raison publique n'avait pas fait raison de ces chimères
dont je vous abandonne la qualification, une
défiance générale se serait emparé de tous les
esprits ; tous les fermens de discorde auraient
fait explosion, et les fureurs auraient été d'au-
tant plus violentes qu'elles n'auraient eu d'autre but que d'atroces réactions, d'autre résultat
que le bouleversement social. N'est-ce pas vous-
même qui vous condamnez plus sévèrement
que je ne pourrais jamais le faire, en avouant

aujourd'hui « que les conspirations sont peu à craindre dans l'état actuel des choses, et qu'il serait impossible de mettre le despotisme de la révolution à la place de la légitimité et de la Charte ? » Cet aveu que la vérité vous arrache, je l'abandonne un moment; mais j'y reviendrai; je veux auparavant en tirer une autre conséquence.

Vous vous faites le défenseur officieux du général Canuel, et cependant vous faites entendre de lui précisément ce que le colonel Fabvier et M. de Sainneville en ont dit ; car s'il est constant « *qu'il n'y ait de vraies conspirations, sous l'empire de la Charte, que celles des vertus et des talens,* » ne craignez-vous pas que ceux qui soutiennent à faux, selon moi, qu'il n'y a pas eu de conspiration à Lyon, s'emparant de votre principe, ne vous disent : de quel front a-t-on donné le nom odieux de conspiration aux troubles de Lyon, et a-t-on puni quelques paysans égarés comme des conspirateurs? Ce n'était donc pas selon vous-même une *vraie conspiration.* Quels avantages ne pourront pas tirer de cet aveu les hommes qui ont eu la même idée ? Je doute que le général Canuel en fût très-reconnaissant, quoiqu'il ait été fait en sa faveur, et voici pourquoi.

On a parlé d'une conspiration tramée par des hommes qui se donnent le titre de royalistes. Dès-lors, il devenait nécessaire, dans l'intérêt d'un certain nombre d'ambitieux trompés, de faire considérer ce coupable attentat comme une de ces extravagances qui ne méritent aucune considération; mais M. de Châteaubriand va toujours trop loin, soit qu'il suppose des conspirations, soit qu'il nie leur existence. Sans doute on doit peu craindre les conspirations sous un gouvernement représentatif et sous un Roi qui unit la fermeté à la sagesse et la prudence au courage. La nature même des institutions constitutionnelles oppose aux conspirations mille obstacles insurmontables; et le principe seul de la légitimité est un rempart contre lequel viendraient se briser tous les efforts de la rébellion. Mais il n'en est pas moins vrai que les conspirateurs sont coupables, et que si leur crime est prouvé, il doit être puni. Ne croyons pas légèrement à ces criminelles tentatives; désirons même, puisqu'elles peuvent être regardées comme une folie, que l'autorité les ait prévenues avant

qu'un commencement d'exécution ait rendu
les preuves judiciaires incontestables; mais at-
tendons avec confiance la décision des tribu-
naux.

Le général Canuel, dit encore M. de Châteaubriand, a été attaqué dans les journaux
auxquels il ne peut répondre, et il cite un
Mémoire de Me Berryer fils, avocat, qui n'est
que le développement de cette assertion. Il est
fâcheux pour le noble pair et pour le jeune
avocat que cette assertion soit fausse; et pour
le prouver, il suffit de rétablir les faits.

Il y avait eu, à ce qu'il paraît, un mandat
d'amener contre le général Canuel, auquel il
avait refusé d'obéir; il s'était caché avec un
soin particulier, sans songer à quelles inter-
prétations fâcheuses une telle conduite expo-
sait son caractère. Cependant l'époque de l'ou-
verture des débats relatifs à la plainte en
calomnie qu'il a portée contre M. le colonel
Fabvier et M. de Sainneville approchait. Son
absence, dans une occasion aussi décisive,
alarmait ses amis. Ils le déterminèrent à se
montrer, et il parut en effet le 21 du mois
dernier, devant le tribunal de police correc-
tionnelle. Cette apparition inopinée n'aurait

produit qu'un sentiment passager de surprise, si cet officier-général n'avait lu à l'audience un discours dans lequel il calomnie à plaisir le Gouvernement et les juges. Il fait entendre que la conspiration n'est qu'une fabrication dont le seul but était la saisie de ses papiers. L'idée odieuse qu'une conspiration a pu *être fabriquée*, lui paraît si simple et si naturelle, qu'il n'hésite point à l'admettre comme positive, au risque de toutes les conséquences qu'on peut en tirer pour le passé.

Cette agression d'un homme qui aurait dû se borner à la cause dont il était question, ne rendait pas la sienne meilleure et ne changeait en aucune manière sa position. L'instruction ne fut point interrompue, et le général Canuel se vit enfin arrêté suivant les formes prescrites par les lois.

Cependant son assertion relativement à la fabrication prétendue subsistait toujours; elle avait été recueillie par les journaux, et disséminée ainsi sur tous les points du royaume. Quelques journaux se permirent de courtes observations sur le discours du général. Ils prouvèrent aisément que l'idée dominante dans cette diatribe était absurde, et que la saisie de ses papiers ne pouvait être la cause des poursuites judiciaires dont il avait le malheur d'être l'objet. Ils s'étonnèrent, avec le public, qu'on eût pu hasarder une imputation aussi outrageante pour le Gouvernement et la magistrature, lorsqu'il était si manifeste que la saisie des papiers de quelque personne que ce soit ne peut avoir lieu que suivant des formes qui excluent jusqu'à la moindre possibilité de soustraction. L'accusation publique du général Canuel avait rendu ces remarques indispensables; elles se bornèrent à ce seul objet, et n'aggravèrent en aucune sorte la situation du détenu.

Voyons maintenant sous quelles couleurs des explications uniquement destinées à repousser une atroce calomnie sont représentées par M. de Châteaubriand. Nous le trouverons toujours fidèle à son système d'exagération. S'il faut l'en croire, *les passions se jettent » sur leur proie ; la perversité, la cupidité, la bassesse profitent de ce moment pour gagner leur salaire. Les journaux impriment des articles injurieux. C'est l'honneur, la religion et la vertu* (c'est du général Canuel qu'il s'agit) *qu'on ose placer à la tête du crime* (1).

C'est ainsi que le noble pair se trouve toujours à côté de la vérité, et qu'il est merveilleusement servi dans une telle position par l'enflûre habituelle de son langage. C'est pour me servir de ses expressions, « *un chaos dans lequel le bon sens se perd et le jugement s'égare.* »

M. de Châteaubriand *veut que l'on sache qu'il existe une correspondance privée avec les journaux anglais.* C'est un fait si connu, que la volonté du noble pair n'ajoute rien à sa publicité. Les propriétaires des journaux de Londres ont, en effet, à Paris, des correspondans particuliers qui leur font parvenir toutes les nouvelles vraies ou fausses qui circulent dans nos salons, et qui font sur ces nouvelles des commentaires plus ou moins ingénieux. Rien de plus aisé que d'obtenir une place dans les journaux anglais, qui accueillent avec avidité tout ce qui peut servir d'aliment à la curiosité publique : l'esprit de parti, dont les ressources sont si étendues, doit souvent faire

______

(1) *Remarques*, etc., pag. 14 et 15.

usage de cette facilité. Elle a existé dans tous les temps; mais faut-il en conclure comme M. de Châteaubriand, « *que nous voyons des Français acheter au poids de l'or une place dans les feuilles publiques étrangères pour y flétrir des Français.* » Et c'est à propos de quelques articles sur la dernière conspiration qu'on se permet de pareilles suppositions. Serait-ce par hasard des articles du *New-Times* que le noble pair veut parler, et où l'on insulte en effet « *les plus honnêtes gens de la France?* » Sont-ce là les diatribes qui sont payées au poids de l'or; et M. de Châteaubriand saurait-il quelque chose de *la correspondance privée* de ce fastidieux journal? Il aurait dû s'expliquer avec plus de franchise, et nous désigner les auteurs de ces infâmes calomnies dont le *New-Times* fait commerce. Il est vrai, qu'elles ne tombent que sur la nation française et le gouvernement du Roi. Les auteurs de la dernière conspiration sont bien autrement respectables.

M. de Châteaubriand arrive enfin à *ces notes secrètes* qui ont eu un moment de publicité, et c'est ici qu'il déploie toute l'artillerie de sa rhétorique, et où se font principalement remarquer la tendance naturelle de son esprit à colorer des sophismes.

La première idée de M. de Châteaubriand, lorsqu'il apprit la publication d'un *mémoire secret*, fut de penser *qu'on aurait fabriqué quelque pièce horrible pour la mettre sur le compte des royalistes* (1). Voilà un effort de charité chrétienne qui prouve les bénévoles dispositions du noble pair en faveur du Gouvernement.

Pénétré de l'idée qu'on avait méchamment fabriqué cette *note secrète*, il *l'ouvrit en tremblant*. Mais quelle fut sa surprise, de n'y trouver que des choses raisonnables et dignes d'éloges. Lui-même n'aurait pas mieux fait. Toute la doctrine des royalistes y est très-bien exposée, et ils sont invités à y persister, parce qu'elle les place *sur un excellent terrain*.

Examinons cette doctrine, en voici la base : « *La position et la marche actuelle du Gouvernement de la France conduisent au triomphe prochain et certain de la révolution ; ou, en d'autres termes : il existe dans le gouvernement une conspiration contre la légitimité et la Charte.* »

______

(1) *Remarques*, etc., pag. 22.

Je ne suis pas moi-même surpris que M. de Châteaubriand ait éprouvé si peu de surprise en lisant ces phrases. C'est lui qui, dans son livre de *la Monarchie selon la Charte*, a déposé cette accusation, aussi fausse qu'odieuse, dont il attendait de si grands résultats. Il nous a montré cette conspiration veillant auprès du Roi, parcourant les places publiques, agitant les torches de la révolution et présidant à tous les actes du gouvernement. On se moque un peu de cette *conspiration* fabriquée par une imagination en délire. On demande où était cette conspiration qui se trouvait partout, et qu'on ne voyait nulle part. On fit sentir au noble pair que c'était une insulte à un Roi dont les lumières sont aussi connues que les vertus, de supposer que son gouvernement conspirait ouvertement contre lui-même, sans qu'il s'en aperçût. On prédit que toutes les prédictions de M. de Châteaubriand seraient démenties par les événemens, que la France deviendrait de plus en plus tranquille et heureuse, que la confiance s'établirait partout, que le crédit s'affermirait, et que les institutions constitutionnelles se perfectionneraient progressivement. Tout cela s'est accompli.

Les idées elles-mêmes de M. de Châteaubriand ont subi un si prodigieux changement
qu'il nous assure aujourd'hui lui-même « que
les conspirations ne sont que *des chimères* sous
un gouvernement représentatif, et que l'esprit
révolutionnaire ne pourra jamais prévaloir
contre la légitimité et la Charte. »

Si cela est vrai, et nous le croyons ferme-
ment, comment M. de Châteaubriand pourra-
t-il justifier les auteurs du mémoire secret
d'avoir tenté d'accréditer de si dangereuses
calomnies auprès des souverains de l'Europe,
et en leur présentant un tableau si désastreux
et heureusement si chimérique, de leur inspirer
des craintes sur la stabilité de l'ordre actuel
des choses, et de les engager, par l'effet même
de ces craintes, à prolonger en France le séjour
des troupes étrangères ?

Quoi ! ils ne sont coupables ni envers le Roi
ni envers la nation, ces hommes qui calomnient
l'un et l'autre en assurant contre la vérité
« que la révolution occupe tout en France. »
On ne s'indignerait pas contre eux lorsqu'ils
entament des négociations clandestines, et que,
pour parvenir à s'emparer du pouvoir royal,
ils invitent les puissances étrangères à imposer

au Roi un nouveau ministère sous prétexte « *que les hommes qui dirigent les affaires sont en hostilité avec les principes de la société européenne.* »

Je ne m'occuperai pas davantage de cette œuvre de ténèbres dont le résultat ne pouvait être dangereux à une époque ou les trônes de l'Europe sont occupés par des souverains dont les lumières égalent la magnanimité, et qui, par la manière dont les traités ont été exécutés, peuvent juger du caractère de la nation et de la loyauté de son gouvernement.

Je ne puis m'empêcher, en terminant ces observations jetées à la hâte, de déplorer la funeste erreur d'un homme aussi éminemment doué que M. de Châteaubriand, et dont le talent aurait pu être si utile à son pays s'il eût consulté la raison plutôt que ses passions, les intérêts de sa gloire plutôt que ceux de sa vanité. Comment ne voit-il pas que le gouvernement use envers lui et son parti d'une indulgence qui cependant doit avoir des bornes? Ils font fausse route et sont environnés d'écueils : réunis aux amis du Roi et de la Charte, ils seraient heureux, et leur bonheur accroîtrait de la félicité commune.